AF273737

Oficialmente (in)correcto

Cordialidad existencial

PALABRA

© Miguel–Ángel Martí García, 2024
© Ediciones Palabra, S.A., 2024
  Paseo de la Castellana, 210 – 28046 MADRID (España)
  Telf.: (34) 91 350 77 20 – (34) 91 350 77 39
  www.palabra.es
  palabra@palabra.es

Diseño de portada: Equipo editorial
ISBN: 978-84-1368-387-4
Depósito Legal: M-17.879-2024
Impresión: Gohegraf, S.L.
Printed in Spain – Impreso en España

Cualquier forma de reproducción, distribución, comunicación pública o transformación de esta obra solo puede ser realizada con la autorización de sus titulares, salvo excepción prevista por la ley. Diríjase a CEDRO (Centro Español de Derechos Reprográficos) si necesita fotocopiar o escanear algún fragmento de esta obra (www.cedro.org; 91 702 19 70 / 93 272 04 45).

Miguel–Ángel Martí García

Oficialmente (in)correcto

Cordialidad existencial

dBolsillo

A mi amigo
Salvador Rosales.

– ÍNDICE –

PRÓLOGO

La capacidad que todo ser humano posee para acceder a unas adecuadas relaciones sociales es un don altamente apreciable. Esta capacidad debe explicitarse poniendo en ejercicio todos aquellos valores que la posibilitan y, por otro lado, obstruyendo aquellos otros comportamientos que impiden unas relaciones cordiales. El contexto en que nos movemos y los medios de información, desde luego, no nos facilitan la actitud por la que apostamos en las páginas siguientes. La agresividad y la indiferencia en sus enmascaradas formas de manifestarse, por muy sutiles que estas sean, nos alejan de una reconfortante convivencia. La deshumanización es un riesgo real que todos corremos, y ese riesgo nos viene por distintos frentes: la técnica, las grandes ciudades, el actual ritmo de vida, el individualismo... que nos arrastran a un tipo de existencia que nos deja insatisfechos, aunque no seamos conscientes de la razón de ser del vacío existencial que percibimos en determinados momentos. Únicamente la compañía cordial del otro/otra nos salva, esta es, desde luego, nuestra tabla de salvamento. Y si esa compañía, efectivamente, no se limita a un número restringido de personas –en algunos casos, a una sola–, ya podríamos hablar de un contexto realmente humano.

Los capítulos de este libro hablan: de lo oficialmente (in)correcto, de la existencia auténtica, de agradecimiento ante la vida, de la realidad (ir)real, de la incertidumbre y la inseguridad de ser entrañablemente humano y, el último, de la cordialidad existencial. Hago mención explícita de todos ellos para que el lector perciba la unidad e intención que los conforma, que no es otra que la búsqueda (y el encuentro) de la *cordialidad existencial*.

I. OFICIALMENTE (IN)CORRECTO

El pensamiento *oficialmente correcto* no implica que esté en posesión de la verdad. Lo que se lleva, lo que está bien visto, puede responder a criterios alejados –incluso opuestos– a la recta razón. La moda en todos sus aspectos peca con facilidad de caprichosa y frívola y, también, con facilidad se desliza a propuestas en donde la verdadera condición de la naturaleza humana queda relegada a un segundo plano. La consecuencia de este alejamiento es la deshumanización. A lo *oficialmente correcto* se le otorga el estatuto de verdad irrefutable. Nietzche nos advierte que la *estulticia* –llámese necedad– es contagiosa, se propaga como una plaga si no se le opone resistencia; pero si somos sinceros, no es tarea fácil oponerse a lo *oficialmente correcto*. Las descalificaciones a las que una persona se expone vienen justificadas por tantas falsas razones, que se hace del todo imposible afrontarlas con éxito.

¿Y cuál es el pensamiento *oficialmente correcto*? Los medios de comunicación se encargan de que nos enteremos de cuál es la forma de actuar que la sociedad espera de cada uno de nosotros, de acuerdo a los criterios que ella misma nos ha impuesto sin posibilidad alguna de discrepancia. La verdad ya no cuenta, solo existen dos posibilidades: retrógrado o progresista. A la naturaleza humana se le deja sin voz, la voz le es concedida arbitrariamente a la opinión pública; se olvida −o tal vez se desconoce− que la naturaleza humana tiene sus exigencias que han de ser respetadas o satisfechas por el recto actuar. Lo que se lleva puede responder a graves errores; por tanto la crítica debe estar presente. La aceptación sumisa de lo *oficialmente correcto* implica simpleza. Bertrand Russell afirma taxativamente que la *estulticia* −la necedad− es el resultado de la negativa a cuestionar las ideas establecidas. Ideas establecidas en un pasado más o menos lejano, hoy nos escandalizan. Razón, pues, suficiente para no aceptar sin críticas lo que está de moda tanto a nivel de pensamiento como de conducta.

Frente a lo *oficialmente correcto* se impone, pues, una inteligente revisión crítica, que lejos de cualquier tipo de ideología, tenga presente en sus distintos aspectos las exigencias impuestas –como acabamos de mencionar– por la propia naturaleza del ser humano. Ni todo vale, ni todo es bueno. En todo existen unos límites, unas líneas rojas que no pueden ser traspasadas. La vulnerabilidad de la persona reclama una delicadeza extrema.

Para Byung-Chul Han, el individuo *oficialmente correcto* es consecuencia de una presión social y cultural a lo que los seres humanos están sometidos para ajustarse a las expectativas establecidas por la sociedad a través de las redes sociales. Quienes se desvían de los valores establecidos son silenciados; sin embargo, todos sentimos la necesidad de ser aceptados, lo cual conlleva con frecuencia una autocensura. No es posible vivir en el exilio; la tentación del individuo *oficialmente correcto*, según Victor Frankl, es buscar la aceptación externa en lugar de encontrar su propio sentido de valor y propósito. El conformismo ante lo que se lleva, se dice o se hace, se convierte en la solución para evitar la desaprobación social y evitar riesgos. Somos hijos de nuestro tiempo, y a él nos debemos tanto en sus aciertos como en sus posibles errores. Todas las épocas han tenido sus sombras, que para sus contemporáneos pasaron inadvertidas, también en la nuestra hay sombras que solo las inteligencias clarividentes pueden detectar. Sin la luz de la inteligencia, la estupidez está asegurada. Albert Einstein afirmó que la *estulticia* era la negación de la inteligencia y un obstáculo para el desarrollo humano. El humanismo forma parte de ese desarrollo.

El campo de acción en el que está presente lo *oficialmente correcto* parece no admitir líneas rojas, lo abarca todo y hasta en sus más mínimos detalles. Renunciamos a hacer de él un listado exhaustivo: la imagen externa, las carreras universitarias, las identidades sexuales, los distintos modelos de familias, las diferentes sensibilidades religiosas, los múltiples modos de comunicación, la suplantación de la presencia personal por la virtual, los rápidos y constantes desplazamientos, etc. En definitiva, lo *oficialmente correcto* no supone solo una nueva forma de estar en el mundo, sino una nueva configuración del ser humano. El *tener* tiene una relativa trascendencia, el *ser* sí que la tiene en mayor magnitud. Lo *oficialmente correcto* afecta de algún modo al ser humano. Habrá que levantar cuanto antes la voz crítica. Nos va en ello la dignidad de la persona. La propia identidad personal, los gustos, las preferencias, las opciones intelectuales y estéticas no responden exclusivamente a criterios sociotemporales. Pueden estar condicionados por ellos, pero estos no tienen la última palabra. La máxima socrática de *conocerse a sí mismo* es el objetivo para alcanzar la plenitud individual y la felicidad. Si ya el autoconocimiento supone cierta dificultad, su obtención se hace todavía más difícil si las injerencias externas adquieren un carácter impositivo, que impiden que afloren las virtualidades características de la persona.

Si nuestra atención está siempre dirigida a las informaciones, es lógico que terminemos pensando de acuerdo con ellas. Solo el silencio propicia el pensamiento propio. El silencio nos convoca para adoptar criterios personales, a distanciarnos críticamente, de lo que en un primer momento nos podría parecer correcto. *La atención* es la fuente de nuestro alimento intelectual, atentos o distraídos, o si se quiere, frívolos o profundos. Las personas maduras conceden a *la atención* suma importancia. Léase por *atención* la serena contemplación de la existencia, que se opone radicalmente a un exacerbado activismo. *La atención* nos humaniza, *la atención* está presente en la mirada, en la actitud de escucha, en nuestros gestos, en evitar innecesarias interrupciones, en la serenidad. Las prisas nos deshumanizan; cuando los teléfonos móviles acaparan nuestra *atención,* el pensamiento creativo se obnubila, el paisaje se ignora, las personas nos pasan inadvertidas. Erich Fromm nos dice que *la atención* es la clave para escapar de la alienación y encontrar la conexión auténtica con nosotros mismos y con los demás. Por todos es sabido que *la atención* auténtica requiere de espacios de silencio y soledad, de momentos de calma y de reposo mental, que nos permita recuperar la profundidad y la concentración necesaria para la *atención* plena. Sin *atención* no hay pensamiento profundo ni madurez intelectual. Hemos de reconocer que en la sociedad actual la *atención* es un bien escaso. Tal vez esta escasez de conversaciones interesantes se deba a la ausencia de silencios creativos.

El *horror vacui* en los tiempos actuales se ha extendido como una plaga. Parodiando una antigua canción: «antes muerto que sin comunicarse». Ayer, hoy y mañana, siempre con el teléfono en la mano: una huida del vacío que nos invade. Siempre hay una ocurrencia, una excusa, un pequeño motivo, una ligera inquietud, una pregunta, un no se sabe qué, para poner el móvil en marcha. El *vacío existencial* es el resultado de la falta de conexión con nosotros mismos, que nos sumerge en una existencia superficial y vacía. La reflexión nos permite descubrir nuestros auténticos valores, que pueden coincidir o no con lo *oficialmente correcto*. La felicidad solo tiene un camino, el sentido que le damos a la vida, haciendo caso omiso a los ruidos que acompañan nuestro caminar. Lo importante no son las piedras del sendero, sino la mirada que vislumbra la meta final. No nos pasa inadvertido la resonancia heidegeriana del término *sendero*, pero es necesario acudir a él cuando nos planteamos si la sociedad moderna está aquejada de deshumanización, provocada esta, en parte, por la tecnología.

Venimos haciendo mención de la *estupidez*, de lo *oficialmente correcto*, de la falta de *atención*, del *horror vacui*, conceptos todos ellos presentes en la actual filosofía de la vida. Frente a su omnímoda presencia, debemos arriesgarnos a *des-coincidir* —si así lo consideramos necesario– para reafirmar nuestra individualidad. Cada persona debe desprenderse de aquellos condicionamientos sociales que le impidan una existencia propia y singular. Las *circunstancias* de las que nos habla Ortega y Gasset no tienen por qué aniquilar el yo; de hecho, influyen, pero no deben invadir el espacio más genuino del ser. De lo contrario, la despersonalización será la consecuencia de esta invasiva injerencia. Cierta disposición al estado de alerta puede ser beneficiosa para constatar lo propio para con lo ajeno.

Las *imposiciones* no siempre responden a un explícito mandato, también pueden venir dadas por lo que se lleva, por lo que está de moda, por lo que hace todo el mundo. Son *imposiciones* mudas, no son anunciadas a través de una orden autoritaria. Se asemejan a esa lluvia fina a la que no tenemos suficientemente en cuenta hasta que percibimos que estamos calados. Las arbitrarias imposiciones se deslizan con tal sutileza que, en efecto, nos pasan inadvertidas. Solo la lucidez mental las detecta, y con espíritu crítico las acepta o rechaza, pero en el caso de la aceptación se asumen como consecuencia de una decisión personal y entonces ya no se trata de lo que la gente hace, sino de lo que yo decido.

La *estupidez* no suele presentarse por su lado oscuro, sino que dispone de tales recursos ornamentales que es capaz de mostrarse lo contrario de lo que es: inteligente. Únicamente el bien, la verdad y la belleza nos salvan de posibles engaños. Si ya son tristes las parciales pérdidas de tiempo, todavía lo son más aquellas en las que la distracción se erige en criterio de vida. La felicidad, en cambio, reclama una tensión existencial, capaz de convertir en amor todo aquello en lo que descansa su detenida y reposada mirada; la felicidad tiene un camino: mirar con *atención* la vida en cada una de sus manifestaciones. Aristóteles ya identificaba la felicidad con la contemplación. *Festina Lente*, la *atención* nos permite *re-significar* la vida, dar posibilidad a que emerja la emoción poética, a maravillarnos de estar vivos y a vivir con toda conciencia.

Estas últimas consideraciones nos sitúan muy lejos de las *imposiciones* sociales que se nos presentan como el único marchamo para estar oficialmente contentos.

II. EXISTENCIA AUTÉNTICA

Corremos el peligro de alejarnos de la auténtica realidad de la existencia humana. De ahí la necesidad de un proceso de crecimiento interno que nos conduzca a nuestros principios más profundos y a tener el coraje de ser uno mismo frente a las presiones externas. Solo así encontraremos el sentido de nuestra propia vida. Este proceso supone un continuo autodescubrimiento que nos posibilite convertirnos en creadores de nuestro propio destino. Para alcanzar el autodescubrimiento precisamos, según Aristóteles, no temer a la soledad y ser capaces de estar en paz con uno mismo. Todas las personas somos seres únicos y singulares, por eso no podemos reproducir mecánicamente las conductas ajenas, lo cual supondría una despersonalización, perder la propia conexión, un olvido de sí, volvernos extraños a nosotros mismos, autodestruirnos. Erich Fromm nos habla del peligro de adoptar entidades prefabricadas si diseñamos nuestra vida en función de las opiniones y juicios de los demás, si nos rendimos ante la presión de lo *oficialmente correcto*. Dormirse en la superficie (de la existencia) nos empobrece, porque únicamente buceando en nuestro interior descubrimos nuestras posibilidades. La creación individual brota de la singularidad, y esta requiere para su descubrimiento una mirada que vaya más lejos de lo ya conocido.

Quizá la expresión *existencia auténtica* nos recuerde una manida retórica filosófica existencialista, un tanto ya desfasada. Puede ser, todo está sujeto a la moda, incluso la filosofía. Pero más allá de los convencionalismos sociales, la expresión *existencia auténtica* tiene la suficiente fuerza intelectual para ser reivindicada hoy, y tal vez con más fuerza por las abundantes informaciones que nos llegan distrayéndonos de lo que implica un *auténtico vivir*. Todos estamos expuestos a un cierto desencanto existencial. Los convencionalismos cansan, aburren. Permanecer en la periferia de la propia existencia conlleva un desencuentro que nos impide —como tal des-encuentro— la búsqueda ilusionada de la felicidad. Son numerosos los filósofos que hacen una referencia explícita a la *existencia auténtica*, entre ellos: Kierkegaard, Sartre, Heiddeger, Nietzche, Camus, Schopenhauer, Kant... Tan abundante literatura filosófica nos está diciendo dos cosas: su importancia y la dificultad de alcanzarla. No nos sentimos frívolamente eximidos de esta tarea, porque el ayer y el hoy en ciertas cuestiones se identifican en un perenne *siempre*.

Cualquier reflexión que nos lleve a descubrir alguna riqueza interior hasta entonces ignorada, supone un gran hallazgo porque nos permitirá obtener posteriores beneficios para nuestra vida. El profesor Carlos París utiliza el término *hondón* para referirse a lo más profundo de nuestro ser. Las metáforas poéticas nos salvan cuando los conceptos traducidos en simples palabras son impotentes para ir más lejos de lo que ellos nos transmiten. La luz (intelectual), efectivamente, precisa en ocasiones hacerse presente a través de las distorsiones provocadas por el lenguaje poético. El misterio connatural a la existencia humana trasciende, va más allá de una exposición racional. Esta última se queda corta, no alcanza el último reducto ontológico de nuestra existencia. Sin palabras y a tientas vamos buscando hacer realidad el imperativo socrático de *conocernos a nosotros mismos* para de este modo poder llevar una *existencia auténtica,* la cual supone desprendernos de lo que no es nuestro, de los añadidos consecuencia de las adherencias sociales impuestas por lo *oficialmente correcto*.

Hemos de reconocer, aunque nos duela, que son las *heridas existenciales* las que ponen en marcha nuestra reflexión. A través de la herida, de su apertura, vislumbramos verdades que nos hacen ver de qué va la vida. El refrán nos enseña: «muriendo y aprendiendo». Pero cuando este aprendizaje se refiere a las cuestiones más importantes, quizá nos duela caer en la cuenta de que hemos llegado demasiado tarde: que hemos estado equivocados, que tristemente hemos perdido el tiempo, y el tiempo es lo único que tenemos. Nos puede entonces servir de consuelo reconocer explícitamente que como seres humanos somos frágiles, desvalidos y vulnerables, y nuestras pasadas equivocaciones son fruto no de una falta de sabia prudencia, sino de nuestra indigente condición humana: la luz nos ciega y las sombras nos desorientan. Para no sumergirnos en un *pesimismo existencial,* es necesaria la búsqueda de aquello que sea capaz de producirnos un sentimiento de felicidad. A quien todo le es concedido sin necesidad de sufrir ningún tipo de herida (existencial) se le incapacita para valorar el disfrute del encuentro del bien que posee. El dolor tiene el poder de transformarse en amor, en felicidad cuando este desaparece.

Reflexionar, como lo estamos haciendo, sobre la *existencia auténtica* y no hacer una explícita referencia al *dolor* sería una grave omisión, ya que nos situaría en una falsa realidad. *El dolor* nos escandaliza si no tenemos en cuenta su posible presencia, de la que tal vez –no se sabe por qué especial privilegio– nos podríamos considerar eximidos de él. Esta sería la causa de producirnos, cuando este se presenta, un desproporcionado desconcierto. Una manifestación inequívoca de la madurez es recibir *el dolor* con una contenida serenidad, porque su presencia no se percibe como una maldición, sino como una parte integrante de la condición humana.

La autenticidad exige la valentía de no caer en el autoengaño. Una reflexión sobre la *existencia auténtica* no puede degenerar en una edulcorada retórica filosófica. La virtud de una *fortaleza interior* es indispensable para no caer en un desfondamiento producido –como acabamos de mencionar– por dar por verdadera una falsa realidad. La autenticidad y la verdad se reclaman mutuamente. Los imaginarios paraísos que nos podemos forjar en nuestra mente pecan de falsos e inauténticos. Es preciso desmontarlos cuando estos se insinúen y atenernos lúcidamente a la sobria realidad, porque en ella encontraremos el terreno adecuado para una explicación y una respuesta real a las situaciones que la vida nos presente. La *fortaleza interior* sabe poco de quejas y de protestas estériles. El hecho de vivir exige *esfuerzo*, un esfuerzo continuado ante las dificultades y los contratiempos. Contar con el dolor, acudir a la *fortaleza interior* y exigirnos *esfuerzo* son requisitos necesarios para una verdadera y auténtica instalación en la vida. Tal vez nos estemos poniendo excesivamente serios en nuestra actual reflexión. No es así. La serenidad, la paz, la tranquilidad y la alegría terminarán por hacer acto de presencia.

El huir supone el regreso, a no ser que uno quiera perderse para siempre. De la vida es difícil huir: ni de la muerte es posible la fuga. Las huidas en falso son posibles: ¿Pero quién quiere sentirse autoexiliado de su propio vivir? Volver puede ser un acto de valentía cuando este regreso nos acerca a lo que verdaderamente somos y a una aceptación madura de la realidad. Dice el saber popular que equivocarse es de humanos. La duda con frecuencia nos acecha. La desorientación no la sufren solo los senderistas. Y muchas proclamadas seguridades no son tales. No vayamos, pues, haciendo alarde de ningún tipo de prepotencia. *Humilitas veritas*. Reconocer el rechazo al dolor, la falta de esfuerzo y la debilidad interior es un buen inicio para afrontar, sin falsas justificaciones, las exigencias de la *vida buena*, de la que nos habla Aristóteles. Es muy significativo el estrecho vínculo que los clásicos establecieron entre la *humildad* y la *verdad*. Es que la humildad es la condición *sine qua non* para la autocrítica, para detectar posibles errores, para hacer las correcciones oportunas y de ese modo andar en verdad.

Las relaciones sociales que forman parte integrante de la condición humana reclaman un tratamiento correcto. Los encuentros nos proporcionan mutuamente ayuda, comprensión, alegría, conocimientos y un largo etc. Sin ellos, la soledad acabaría por destruirnos. Pero también presentan serias dificultades que para obviarlas exigen criterios inteligentes de conducta y una buena disposición moral. Desde los inicios de la Filosofía, se hace mención explícita de los beneficios de la amistad, considerándola como uno de los grandes bienes que nos pueden ser concedidos. Se habla de falsas amistades y de verdaderas. La autenticidad es un bien exigido, no solo a nivel personal, como venimos analizando hasta ahora, sino también en el plano social. Los desencuentros y las consecuencias que de ellos se derivan nos hacen que nos cuestionemos si es posible la vida buena, las amistades sinceras, la paz y la concordia. Riñas, enfados, discusiones… forman parte de una larga lista negra que nos produce un *desencanto existencial*. Las virtudes de la discreción, de la prudencia, de la amabilidad, de la simpatía, de la comprensión, de la actitud empática, reclaman continuamente su presencia para soslayar las dificultades que se puedan presentar en cualquier tipo de convivencia. Lo *oficialmente correcto* no tiene la entidad suficiente para sustentar unas relaciones sociales auténticas. Las apariencias y la autenticidad nos sitúan de raíz en la falsedad o en la verdad. Las falsas apariencias defraudan y los comportamientos auténticos convencen. La *vida auténtica* en nuestras relaciones sociales es la mejor tarjeta de presentación, aunque su reconocimiento tarde un poco en llegar, en ser explícitamente reconocido.

Las virtudes sociales exigen el esfuerzo previo de la adquisición de las personales, por el simple hecho de que nadie da lo que no tiene. Tanto unas como otras nunca se obtienen del todo, siempre están sujetas a un proceso de crecimiento. Quien busca en él o en los demás la perfección está condenado al fracaso. La indulgencia siempre ha de ser tenida en cuenta. Cuesta comprender ciertas nerviosas intransigencias en las que todos sus derechos están a su favor y no admiten ningún tipo de disculpa. En algunas vidas, la soledad responde a circunstancias seriamente desfavorables: muertes, cambios de residencia, fracasos sentimentales…, pero en otras son consecuencia de una larga gestación de comportamientos inadecuados presididos por el egoísmo, la antipatía, la desconfianza… que el propio interesado, falto de autocrítica, desconoce. En esta última triste situación, la culpa de su soledad la tendrán los demás y, en términos más generales, la sociedad en que le ha tocado vivir. Es cierto que las grandes ciudades propician el individualismo y la indiferencia. En ellas hay mucha gente, pero no nos sentimos aludidos, somos uno más de ese gentío que, aunque cercano físicamente, está muy lejos de nosotros en el plano afectivo. La presencia de la soledad continuada termina desmoronando la existencia de quien la sufre: ya nada importa, todo da lo mismo, incluso la misma supervivencia es puesta en cuestión.

III. AGRADECIMIENTO ANTE LA VIDA

Una predisposición agradecida ante la vida facilita el contento interior y unas relaciones sociales reconfortantes. La *Existencia auténtica* presupone un sentimiento explícito ante la vida. La bondad es compañera inseparable del agradecimiento. Existir es la mayor gracia que nos ha sido concedida. Recapacitar las veces que sean necesarias sobre ese don nos abre las puertas a otros posibles agradecimientos. No nos apropiemos de lo que no es nuestro. Un primer paso en falso no supone una simple equivocación, sino iniciar un itinerario equivocado. El agradecimiento no responde únicamente a unas exigencias sociales. Existe otro agradecimiento más profundo que sin reparos puede ser calificado de metafísico, porque hunde sus raíces en el mero hecho de existir. La nada y la existencia se contraponen. Tal vez esta reflexión sobre la *gratuidad de la existencia* no interpele a muchos, porque la consideren una afirmación sin ninguna importancia biográfica a nivel personal. Si iniciamos una mirada retrospectiva a los años vividos en el pasado, valoraremos lo que conlleva la oportunidad de existir. Reflexionar sobre nuestra propia existencia es el primer deber (intelectual) al que estamos convocados los seres humanos.

Diversos comportamientos o actitudes nos alejan de una instalación *agradecida* e ilusionada ante la vida. El aburrimiento, la monotonía, el acostumbramiento forman parte de la filosofía de dar por conocido lo que tal vez posea virtualidades ignotas capaces de sorprendernos. Lo *oficialmente correcto* y una vida alienada no tienen posibilidad alguna de valorar por encima de lo ya conocido. San Juan de la Cruz nos habla de volar alto, de dar a la caza alcance. La fuerza interior es la que tiene el recurso definitivo para que ese vuelo, ese salto, obtenga el rango de cualitativo y diferente. Las cantidades a nivel existencial siempre pecan de pobres, solo los cambios cualitativos son capaces de abrirnos a horizontes insospechados. Sin pretenderlo nos encerramos en círculos acomodaticios en los que con dificultad vislumbramos nuevas alternativas de rango intelectual: nunca lo tenemos todo pensado e incluso las cuestiones vitales felizmente resueltas admiten remodelaciones de mejoras. Las posturas dogmáticas y excesivamente seguras de sí mismas se cierran a nuevos hallazgos.

La vida, como el río del que nos habla Heráclito, no se detiene. El aprendizaje nunca alcanza su cenit. Las personas estamos sujetas al cambio. Todos necesitamos de ilusiones nuevas que despierten —que asombren— al niño que llevamos dentro. ¿A qué responden, pues, esas (falsas) seguridades de las que podemos defender como incuestionables? Desde luego que el buen ejercicio de la razón nos inicia en el camino que conduce a la verdad. Pero a la verdad le gusta ocultarse y se manifiesta de distintas maneras. Por eso la razón tendrá también que revestirse de sus mejores galas para ir más allá de los simples razonamientos. *Lo oficialmente (in)correcto como lo oficialmente correcto pueden –deben– someterse a ulteriores revisiones críticas.* Todo muere. Todo es efímero. Y lo que ayer tuvo el estatuto de verdad, hoy puede haberlo perdido. Cierta *holgura existencial* nos permite acceder a un espíritu joven capaz de reconectar con el mundo. Nunca deberíamos subestimar el poder de la fuerza interior que nos capacita –como acabamos de mencionar– ver con ojos nuevos y *agradecidos* a lo que ya nos producía escaso interés. Fuerza rejuvenecedora que, ciertamente, no se encuentra en la superficie de la existencia, ocupada y distraída por los quehaceres del día a día.

La inercia social, en cuya corriente nos movemos, nos produce un olvido de nosotros –Heidegger en términos más grandilocuentes diría un «olvido de ser»– que nos impide salir en busca de posicionamientos que reavivan la alegría de vivir. No se trata de (sobre)vivir, sino de vivir con gratitud la propia experiencia existencial. Desde luego, la vida es compleja. Vivir no resulta sencillo. Por eso precisamos reavivar con la frecuencia que sea necesaria el sentido de nuestra vida. Necesitamos la compañía de los otros más allá de la propia autodeterminación existencial. Las personas humanas con las que más nos identificamos nos hacen salir de la soledad (metafísica) característica de ser únicos. La sinergia social, *l'etabli*, no es suficiente para dar un sentido existencial, para superar los desfondamientos inherentes a la vulnerabilidad de la condición humana. Necesitamos levantar el corazón para que la fuerza de la alegría nos dé ánimos para vislumbrar de nuevo –las veces que sean necesarias– los brillos de bondad presentes a nuestro alrededor. Tal vez, más predispuestos a la exigencia y a la protesta, deberíamos considerar que la clave de la felicidad radica en dar gracias (también por lo desconocido). No olvidemos que todo nos ha sido dado. Callar todo lo que pueda hacer daño es el salvoconducto que nos introduce en una filosofía de vida presidida por el optimismo y, si se me permite, por un cierto desenfado existencial, que tiene también la capacidad de no tomarse excesivamente en serio lo que quizá mañana será objeto de olvido. «Todo pasa y nada queda», nos advertía Machado: ¿A qué vienen, pues, esas tragedias carentes de identidad? ¿Será que nos damos a nosotros mismos excesiva importancia o que nos consideramos intocables, o que no conozcamos de la vida los límites que ella nos impone? Conformarse no responde siempre a una conducta sumisa, débil e impotente, también puede tener su origen en una visión clarividente de los límites que cualquier realidad tiene, también la vida.

El verdadero agradecimiento conlleva a una elegancia espiritual que no pasa inadvertida, que perfuma la existencia de quien es portador de él. La queja ensucia. El agradecimiento –traducido en una sonrisa sincera y acogedora– ilumina las relaciones humanas. La queja es tóxica. La sonrisa sincera y acogedora depura. Decisiones firmes e inteligentes pueden poner fin de una vez para siempre hábitos emponzoñadores que sin justificación alguna han tomado protagonismo en las relaciones humanas. No es cuestión de caer en falsas moralinas, sino hacer una apuesta definitiva por la higiene mental, y también por la bonhomía. Es cierto que la debilidad nos puede, pero si, además, no hay una firme y determinada determinación para no caer en las fáciles lamentaciones, entonces... Si todo el mundo nos quejamos de todo y no nos culpamos de nada: la sospecha de no andar en verdad se impone por sí misma. Hay engaños (existenciales) que por estar generalizados nunca han sido objeto de una severa crítica.

IV. LA REALIDAD (IR)REAL

La realidad se impone. Más allá de ella, nada es: solo la nada, el vacío. Pero tal vez lo más importante es distinguir lo que es de lo que no es. Son diferentes las actitudes y las disposiciones anímicas que pueden estar equivocadas. Sin apenas percibirlo, podemos situarnos fuera de ella. Lo que se desea y no se puede alcanzar (aunque no seamos conscientes de su imposibilidad) nos condena a la frustración. ¡Feliz aquel que disfruta pacíficamente de lo que posee! ¿Desencanto, desilusión, pusilanimidad? No descalifiquemos tan de prisa la actitud –repito– de gozar de lo que ya se tiene. *Suficit*. Término sabio para quien con clarividencia atisbe su mensaje. Pocas palabras son tan feas como la *avaricia*. La avaricia de felicidad nos lleva de manera irremediable a la desdicha, porque toda felicidad será poca para quien se vea afectado por este pecado.

En una sociedad consumista como la nuestra, el vicio de la avaricia está estratégicamente ocultado. Los avaros son personajes de otros tiempos, a los que hemos conocido a través de la lectura de nuestros clásicos. Hoy ya no existen. A lo sumo tenemos algún amigo o conocido tacaño. La palabra *avaro* hace alusión a un perfil humano anticuado. Sin embargo, las palabras son importantes, aunque a veces duelan nada más pronunciarlas. Avaros, en efecto, los ha habido y los hay todavía, a pesar de que los nombremos con calificativos que nos ocultan su real y verdadero contenido.

Avaros de felicidad condenados de por vida a sentirse existencialmente insatisfechos, frustrados. El adverbio *más* siempre parece convocado a dilatarse en un *más* ulterior, en donde ni siquiera la muerte es tenida en cuenta. Más dinero. Más tiempo. Más felicidad. Más y más. Con este tipo de planteamiento, la alegría del día a día está seriamente amenazada, porque solo en el más allá será posible la felicidad plena. El hoy se convierte así en un tiempo insatisfecho. La realidad presente es vivida como un paso hacia el futuro, como una fuga en busca de un prometido paraíso. Despreciar el hoy en aras a una posible felicidad mayor no es, desde luego, un comportamiento inteligente. La imaginación, al carecer de límites, va más allá de la realidad posible, convirtiéndola en una ilusión, en un sueño.

Además de la (Ir)realidad originada por los deseos, hemos necesariamente de hacer referencia a esa otra que nos traslada de la *presencia real y personal a la virtual y distancial*. Esta última nos lleva a una desconexión física de las personas y del paisaje de nuestro entorno. Sin la posibilidad de estrechar unas manos y perder la mirada en un cielo estrellado, la vida se convierte en otra cosa. La presencia virtual hace caso omiso de la verdadera condición del ser humano. Una pantalla no constituye nuestro hábitat natural, por eso están todavía por ver las consecuencias que puedan derivarse de una vida presidida por un exceso de artificialidad. Son ya muchas las voces que están anunciando los peligros a los que conduce un desorbitado tecnicismo: Individualismo, soledad, narcisismo, indiferencia... Ni los viajes en autobús, ni las aceras, ni las cafeterías... ya no son lo mismo. Solo el móvil se erige como el protagonista de la mirada. Lo demás —especialmente las personas— queda relegado a un segundo plano, con frecuencia ignorado. Todo tiene su medida —*in medio virtus*—, pero parece que esta medida ha traspasado los límites que exige la virtud. La información no alcanza nunca a satisfacer lo que de verdad los seres humanos anhelamos. Tal vez nos distrae, pero al pecar de frívola, nos pide más para subsanar su propia insuficiencia. Pensar, reflexionar, conversar, leer, sí que nos sitúan en un contexto verdaderamente humano, capaz de satisfacernos intelectual y afectivamente.

El movimiento, el ruido y el reclamo de nuevas informaciones no propician lo que Aristóteles acuñó con la expresión *vida buena*. Somos hijos de nuestro tiempo y hemos de reconocer con agradecimiento todos los adelantos que la técnica nos proporciona. Sin embargo, otra cosa es entregarse desaforadamente a comportamientos de vida que nos alejan de nuestra naturaleza. La naturaleza —en este caso, la humana— es sabia y, cuando se actúa en contra de ella, no tarda en dar severas muestras de su disconformidad. ¿Podríamos, tal vez, hablar de un ecologismo humano *(humus terrae)*? Los ojos, las manos, los pies, el cuerpo entero, no están diseñados para pasar horas y horas frente a un ordenador o mirando el móvil. ¿Dónde quedan los abrazos, las miradas recíprocas, los besos, el contacto humano? Las penas y las alegrías sin la presencia física no son nada. Nuestra condición de seres sociales exige que la alteridad del otro se

dé en toda su plenitud. Un tú es más tú si
está físicamente a nuestro alcance.

La realidad (Ir)real no se traduce en un
mero juego de palabras, en una simple
ocurrencia, sino en un deslizamiento a un
nuevo modo de vida sobre el que inteligen-
temente debemos prever sus consecuencias
y sus posibles correcciones si son necesarias. La experiencia nos confirma que lo
que ayer tal vez fue muy bueno, hoy ya no
lo es tanto. Y cuando existen intereses eco-
nómicos por medio, se hace muy difícil alcanzar una visión objetiva de un fenóme-
no. Siempre nos queda la triste solución
de, a nivel personal, poner las barreras
necesarias para no ser invadidos arbitrariamente por injerencias no deseadas. Las
soluciones, para que se den, precisan de
un tiempo previo, soledad y silencio inteligentes que nos las garanticen. Hoy se habla de *espacios personales*, pero no es fácil
conseguir que sean infranqueables. ¡Feliz
aquel que no es molestado por un requeri-
miento innecesario!

Para vivir, pues, una vida plena, es imprescindible la presencia real. La diferencia entre ambas es cualitativa. En realidad, son dos tipos de relación que, aunque teniendo un denominador común —la posibilidad de comunicación—, sus numeradores son tan desproporcionados en cuanto a su riqueza, que prácticamente responden a parámetros distintos. El estoy aquí a tu lado y el abrazo del encuentro satisface el deseo natural de compañía que conlleva nuestra condición de seres sociales, que de modo alguno puede ser sustituido por ningún tipo de artificio audiovisual. La frialdad de la máquina se contrapone al calor humano que transmite la presencia física. La *realidad* y la *(ir)realidad* responden a fundamentaciones (metafísicas) distintas, por lo tanto, la respuesta humana es lógicamente también distinta. En todos los aspectos de la vida estamos preocupados de que cualquier tipo de suplantación no suponga ninguna clase de empobrecimiento. No es lo mismo un producto alimentario enlatado a otro que no lo es, ni unas flores naturales a otras artificiales. En los dos ejemplos expuestos ha habido un importante cambio *(décalage)* en cuanto a la calidad se refiere. La preferencia siempre va orientada a lo natural. Lo artificial –aunque sea más económico– paga, en cambio, el precio de no ser tan verdadero y bello.

La técnica invade terrenos que nos empobrecen cuando hacemos uso de ella, porque nos aparta de los comportamientos específicos del ser humano. Por citar un solo ejemplo: andar. Y en la medida que hacemos un uso abusivo de ella, sin que seamos del todo conscientes, nos deshumanizamos. Lo más cómodo no es siempre lo mejor. La realidad –en este caso, la humana– termina imponiéndose, porque a largo plazo reclama sus exigencias. Hoy todos tenemos noticia del uso abusivo que el hombre ha realizado hasta producirse el cambio climático. Pero tal vez no lo seamos tanto a lo que a nuestro comportamiento se refiere. Es en verdad difícil adquirir la suficiente claridad crítica para valorar lo *oficialmente (in)correcto*, por la sencilla razón de que formamos parte de la realidad que nos circunda. Todos somos hijos de nuestro tiempo. Luego, la Historia juzgará si este ha sido tan bueno como nosotros lo suponemos. Con frecuencia el mañana reprocha al ayer lo que este dio por bueno y en verdad no lo era. Con razón se dice que la Historia es la maestra de la vida: *Magistra vitae*.

V. INCERTIDUMBRE E INSEGURIDAD

El filósofo Zygmunt Bauman sostiene que la sociedad actual —a la que él califica de *sociedad líquida*— está presidida por *la incertidumbre y la inseguridad*, y por la consiguiente precariedad de las relaciones humanas. En esta nueva sociedad, todo va adquiriendo perfiles distintos, nada parece lo mismo: el trabajo, la familia, el amor... El olvido y el despego se erigen como una nueva filosofía de vida. La continuidad ha sido suplantada por la discontinuidad. Ni lo *oficialmente (in)correcto* tiene garantizada su continuidad. No existe un refugio estable y seguro, todo cambia tan rápido, que es difícil saber a qué atenerse. Solo la prudencia puede defendernos en las relaciones sociales. La realidad es tan subjetivamente compleja que se impone el silencio para no entrar en una batalla dialéctica de antemano perdida porque todos queremos ser triunfadores. No es fácil sobrevivir en una *sociedad líquida*, se requieren unas habilidades no siempre al alcance de nuestro estado de ánimo. Únicamente quien seduce triunfa; otros méritos, por supuesto, de mucha mayor importancia no son tenidos en cuenta o, aún peor, son ignorados. Incertidumbre, inseguridad, olvido, despego, complejidad: son conceptos lo suficientemente ilustrativos, para darnos una visión del paisaje humano en donde estamos inmersos. Otras épocas tuvieron paisajes diferentes, pero el nuestro —con las correcciones que sean necesarias— está presidido por una movilidad —de ahí la expresión sociedad líquida— en la que no es fácil mantenerse a flote (con un mínimo de dignidad): en muchas ocasiones, el silencio es la respuesta más eficiente. San Bruno con el dedo en los labios invitando al silencio debería hacerse presente para prevenir la palabrería vacua; las advertencias de Baltasar Gracián, en su

Arte de la prudencia, son en la actualidad —en donde han proliferado los medios de comunicación— más necesarias que nunca. Pero para su puesta en práctica se requiere un talante moral que en nuestra sociedad no está presente. Este mar revuelto de ideas y sensibilidades distintas es motivo y causa de un cansancio existencial. El sosiego y el silencio nos han sido arrebatados de la faz de la tierra. Sobrevivir, mantenerse a flote en medio de este oleaje es, en cierta manera, un éxito y motivo de alegría porque se supone que se han puesto estrategias inteligentes para no ser conducido por la presión social a algún lugar no expresamente deseado. Siempre se han utilizado los términos *presión social* para hacer referencia a ciertos comportamientos impuestos por la sociedad. Sin embargo, habría que hacer una clara distinción entre *presión* y *tiranía* social, porque en ocasiones el margen para que pueda ejercerse la libertad es nulo.

El comportamiento sociológicamente correcto es aquel que se ajusta a la virtud y la ley moral. Así lo han definido Aristóteles,

Kant, Rousseau, y Hegel. La corrección en el actuar también está regida por modos de conducta que deben ser respetados para facilitar unas relaciones cordiales y que impidan traspasar las llamadas líneas rojas con intromisiones indebidas. Ante un desaforado exhibicionismo, la respuesta no puede ser otra que retirarse al refugio del silencio. Si en épocas anteriores se pecaba de un comportamiento formalista que distaba de la sencillez y la cercanía, hoy tal vez se peca de lo contrario: de una imprudente intromisión en cuestiones personales. En el encuentro con los demás es necesario en muchas ocasiones adoptar estrategias para preservar lo interior, lo que solo a cada persona le pertenece. La desnudez no solo está presente en los cuerpos, también en las conversaciones: de todo se habla, aunque no sea correcto el hacerlo.

Establecer lo que en la actualidad se considera correcto no es tarea nada fácil. Lo que ayer lo fue, hoy no tiene vigencia. Y lo que hoy lo es se mueve en márgenes tan indefinidos que es difícil saber a qué atenerse.

Las diferencias de edad acentúan todavía más los tipos de comportamiento. Esta dificultad de encontrar la actitud adecuada en nuestras relaciones nos invitan a adoptar un cierto ostracismo, en parte también provocado por la suplantación que el teléfono móvil ejerce en perjuicio del trato personal. La autorreferencialidad, la constante confrontación, la queja y la protesta hacen que el arte de conversar degenere a niveles tan bajos que pronto el cansancio psíquico y el aburrimiento aborten lo que podría haber sido un feliz encuentro. Únicamente desde el afecto es posible remontar esas empobrecidas relaciones sociales. La sencillez tiene la capacidad de desmontar comportamientos convencionales, y de este modo resituarnos en una verdadera realidad en la que sea posible el auténtico encuentro. *Incertidumbre* e *inseguridad:* dos disposiciones anímicas que nos provocan cierta duda y un incoado miedo. La certeza y la seguridad han sido desplazadas a algún tratado clásico de metafísica. La sociedad líquida no está dispuesta a admitir firmezas de ningún tipo.

Heráclito se erige hoy en el gran maestro: *todo cambia, nada permanece.* Sin embargo, a cada uno nos corresponde buscar y encontrar certezas que nos den la luz y la estabilidad que nos permita avanzar en el encuentro del sentido que le hemos dado a nuestra vida. Sin un punto fijo de llegada, todo se convierte en desorientación y desencuentro: no hay avance posible ni logros conseguidos en cuanto a una determinada meta perseguida. Hemos de ser conscientes de que el cambio, si no responde a serias razones fríamente ponderadas, puede ser la respuesta cómoda y fácil a situaciones que no lo justifican. Tal vez pasado un tiempo no excesivamente largo caigamos en la cuenta del error. En una sociedad tan cambiante se impone la lentitud que contrarreste la precipitación a la que nos invitan los constantes reclamos.

La incertidumbre y la *inseguridad* entran necesariamente a formar parte en la vida de todo ser humano. Buscamos la seguridad, aunque también somos conscientes de que el control de lo que nos sucede de alguna manera no depende de nosotros. Estamos expuestos a lo imprevisto, a un futuro incierto por numerosas que sean las precauciones que hayamos tomado. Además de las inseguridades personales que son motivo y causa de intranquilidad, debemos añadir la desorientación existencial debida a los rápidos cambios que se producen en la sociedad en la que estamos inmersos. Cada uno de nosotros se aferra a aquello que le impide ser arrastrado a situaciones que no es capaz de controlar. Los peligros y los miedos se multiplican cuando se desconocen las novedades que en un período corto de tiempo se dan por sabidas. Ni todo el mundo es tan joven ni todo el mundo tiene la misma capacidad de amoldarse a las innovaciones oficialmente establecidas como (casi) obligatorias. Si la oscuridad nos obliga a andar a tientas, a plena luz de sol podemos no saber qué hacer para no tropezarnos con obstáculos hasta entonces desconocidos por nosotros.

VI. ENTRAÑABLEMENTE HUMANOS

Si desde Plutarco, Séneca, Cicerón, hasta nuestros días, todos los grandes sabios atestiguan (sin ningún tipo de duda) que la mayor fuente de felicidad proviene de las relaciones humanas, toda atención que pongamos en ellas será poca para alcanzar la acariciada felicidad que tanto deseamos todos. Es la atención la que nos posibilita los conocimientos útiles para conseguir la vida buena a la que nos invita Aristóteles. En páginas anteriores ya hicimos mención expresa de la atención como actitud anímica que tiene la capacidad de humanizarnos. Esta atención exige muchas disposiciones anímicas para que pueda llevarse a cabo, entre ellas: la serenidad, la paciencia, la lentitud, la calma, el detenimiento, el interés.

El atropello y las interrupciones abortan la comunicación. Las conversaciones interesantes requieren un tiempo dilatado, un clima distendido. Las prisas y los nerviosismos impiden que aflore en la inteligencia un sosegado discurso de cierto calado intelectual. Los razonamientos, la palabra adecuada, la intelección profunda de lo que se nos está comunicando exigen una atenta escucha que debe ir acompañada por la mirada y por la disposición de nuestro cuerpo. Se escucha también con los ojos y con nuestra postura ante quien nos dirige la palabra: ellos, sin hablar, están diciendo: habla, que yo te escucho con interés. También el tono de voz es capaz de crear una confidencialidad propia de una conversación nada convencional. Nuestra alma sale al exterior a través de la palabra. Ante los demás somos en gran parte nuestra palabra, pero también el cuerpo tiene algo que decir. El cuerpo debe acompañar adecuadamente la actitud de escucha. Cuando no se nos escucha –simplemente se nos oye–, quizá la respuesta más inteligente es acudir al silencio. La palabra vana es una pérdida de tiempo. Hablar por hablar supone un desgaste psicológico que no debemos permitirnos. El silencio es más fecundo que la charlatanería. También el silencio es una forma de dar valor a lo que se nos dice. Todos debemos aprender, o al menos mejorar, a perfeccionar el modo de hablar y escuchar. Esta perfección debe estar presidida por la delicadeza. Será esta la que nos indique el detalle oportuno para que el que nos habla se sienta altamente valorado. Interesarse por lo que estamos escuchando presupone la pregunta para que nuestra intelección acabe siendo la correcta. No todo mensaje se entiende a la primera. A veces los matices son importantes. La tentación de proyectarnos de modo inmediato, interrumpiendo, no es oportuna ni conveniente. Debemos tener presente, como acabamos de mencionar, que la conversación exige un tiempo dilatado y un clima distendido. El yo que escucha debe aprender a esperar. Tendrá luego tiempo para hablar él. Está el tiempo oportuno para el tú (que habla) y para el yo (que escucha). La buena educación siempre ha tenido presente estas reglas de juego. En la sociedad actual se ha impuesto el tono desenfadado, espontáneo, la crítica precipitada, el narcicismo y un abortismo verbal. Todo rápido y a prisa, y al final, como diría un divertido adolescente: ¡Hasta luego, Lucas! Un emotismo sentimental es muchas veces la causa y la razón de abortar conversaciones que podrían haber sido, de haberse conducido por otros derroteros, una interesante charla. Hay encuentros (verbales) que no se olvidan, que dejan un amable recuerdo, y no solo amable, sino también profundo. Hay reflexiones que no se olvidan, que entran a formar parte para siempre de nuestro acervo intelectual. *Tempus fugit*, pero hay palabras que tienen sabor a eternidad. ¿Te acuerdas de lo que me dijiste…?, pues nunca lo he olvidado. Hablar es amar. Esta expresión puede parecer una afirmación con excesiva carga ontológica. Pero a poco que nos paremos a reconsiderarla, nos daremos cuenta de que no es tan excesiva. Se ama con la palabra, igual como se ama con la mirada o con el contacto de un efusivo apretón de manos. Las rendijas del alma siempre encuentran en el cuerpo la manera de hacerse presentes: bien lo sabe un alma enamorada.

Entrañablemente humanos: en esta breve expresión radica la posibilidad de encontrar la felicidad. Las cosas, los objetos (aun los más preciados) tienen un breve recorrido, terminan por ocupar un segundo lugar que no justifican la existencia. Solo los seres humanos perciben en su interior un anhelo de eternidad. Por eso solo en ellos podemos reconocer lo que nos es más genuino. Únicamente en el ser-con-otros nos sentimos en nuestra propia casa. Los objetos se quedan muy atrás. Entre el ser y el tener hay un abismo. Solo el ser nos lleva a la búsqueda auténtica de la felicidad. Un buen amigo/a es un regalo inapreciable: es un ser humano –igual que tú– que te brinda los mejores dones (espirituales): compañía, comprensión, ayuda. Compañía en tu soledad. Comprensión ante tu oscuridad. Ayuda ante tu vulnerabilidad y fragilidad.

Solos no somos nadie. Con la presencia de un amigo/a lo somos todo. Lo somos todo porque lo que podría haber sido una instalación triste en la vida ha dejado de serlo, y se convierte en una alegría compartida. Homero en la *Ilíada* nos hace esta reflexión: «se divertían con la conversación hablando unos con otros». Y en la *Odisea* hace este canto a la amistad: «y ninguna otra cosa nos hubiera podido separar a nosotros dos, que nos queríamos como amigos y nos divertíamos». Homero en estas dos citas hace referencia explícita a la diversión tan necesaria para el cansancio que toda vida humana lleva consigo. Recuerdo una reflexión italiana que recogía esta última idea y que venía a afirmar: qué fatiga es ser una persona humana. Sin la diversión, el peso de la vida nos rompe. A algunas personas habría que aconsejarles que tengan la humildad de divertirse. La seriedad metafísica de las que algunos hacen gala no es digna de admirar, sino más bien de lo contrario, de compadecer. Hay que abrir ventanas para que entre el sol, y poner en nuestros labios una canción y, si no hay contradicción medica, una copa de buen vino compartida con un amigo recordando los buenos momentos que hemos vivido juntos. *Carpe Diem*, que mañana moriremos. Pero morir no se muere nunca, porque la alegría nos acompañará siempre si la bondad ha sido nuestra razón de existir.

VII. CORDIALIDAD EXISTENCIAL

Cuando alguien nos entiende, nos sentimos satisfechos; si nos comprende, queridos. Que nos entiendan ya es mucho, pero que comprendan cuál es nuestra disposición anímica es mucho más. La inteligencia ilumina. El corazón consuela. Tendemos a evaluar todo lo que acontece, también a las personas, sin embargo, detrás de lo visible se esconde algo oculto. Frente a esta disposición, el juicio debe esperar y nunca olvidar el carácter imperfecto de la realidad y la imposibilidad de que algunas cosas cambien. Quizá algunas veces lo más inteligente es dejarse engañar. No olvidemos que la prudencia es sabia. Una bienvenida amable y favorable abre las puertas de la *cordialidad*, independientemente de que no entendamos a quien salga a nuestro encuentro. Tampoco nosotros mismos nos conocemos del todo. Los verbos evaluar, juzgar y calificar, en principio, deberíamos relegarlos a los profesores o a aquellos otros profesionales que deben realizar un diagnóstico. Sabemos que las apariencias engañan. Solo cuando el velo que las cubre desaparece, únicamente entonces, la verdad se manifiesta, y tal vez la verdad que suponíamos no coincida con la verdadera verdad. Cierta prevención ante las apariencias nos puede hacer un gran favor. Fiarse en excesivo de ellas es un serio obstáculo para una grata convivencia. La indulgencia debe ir siempre por delante. Tiempo habrá, si es conveniente, de acudir a planteamientos en los que sea necesario ser intransigente, a las hoy denominadas líneas rojas, porque ni todo vale, ni tampoco todo es verdad ni conveniente.

Ni jueces ni profesores. Condenar y aconsejar sin conocimiento de causa son conductas que muestran falta de inteligencia. La recurrida insinuación de *lo que tú debes hacer...* en muchas ocasiones debería aplicarse a quien lo dice y sustituirse por lo que *yo debo hacer ahora es callarme*, porque es muy difícil ser juez en causa ajena y no es a mí a quien corresponde dar soluciones de problemas. Respetar la libertad del otro es manifestación clara de una delicadeza inteligente. Sin embargo, ciertamente, un buen consejo es un bien inapreciable, que tal vez agradezcamos toda la vida. La persona que nos conoce bien y nos quiere está en condiciones de aconsejarnos. Todos necesitamos en determinados momentos una mano amiga que nos haga ver lo que nosotros no somos capaces de vislumbrar. Cuatro ojos ven más que dos, nos dice la sabiduría popular. Y efectivamente es así. A veces nos cegamos y la razón nos abandona; son muchos los motivos que nos pueden llevar a esa ciega situación. Es propio del ser humano errar, instalarnos en una falsa realidad, dar por bueno lo que no lo es, presuponer alcanzar un objetivo imposible. La ceguera intelectual nos ha llevado en más de una ocasión, pasado un cierto tiempo, a afirmar: *ojalá no hubiera hecho, dicho, tomado esa decisión*.

Muriendo y aprendiendo, esta es nuestra condición, claro está, siempre que seamos prudentemente sabios para que estos errores no se den con una frecuencia excesiva.

La cordialidad existencial trata de mitigar ese lado oscuro de la vida a la que todos los seres humanos estamos expuestos: penas, tristezas, dolores, preocupaciones, que por no tener —y por elegancia— no tienen voz para darse a conocer. El quejismo es un feo vicio en el que no deberíamos caer. Ensucia la vida y su ejercicio no aporta bien alguno. Sin embargo, la *cordialidad* es un bálsamo que da alegría a quien se siente beneficiado por ella. La Liturgia nos invita a levantar los corazones. La palabra amable y una acogedora sonrisa, aunque no curen las heridas del alma, mitigan su dolor y dan fuerza para seguir adelante: reconfortan. En el *Eclesiástico* se nos recuerda que *una buena palabra es mejor que un obsequio, pero el hombre benéfico une la una al otro.* Y en el *Cantar de los Cantares* se nos dice: *Tu palabra es vino generoso a mi paladar, que se desliza suavemente entre los labios y dientes.* Aquel encuentro inesperado con aquella persona imprevista ha sido causa para levantar nuestro estado de ánimo que andaba un tanto decaído. La vida también nos cansa. No somos superhéroes. La paciencia con nosotros mismos nos ayuda a desdramatizar lo que quizá sea tan solo un cansancio puntual. Divertirse y cantar son tan necesarios como el comer y el dormir: lo hemos afirmado en páginas anteriores. Pero dada nuestra condición social, la *cordialidad* en nuestras relaciones con los demás son la mayor fuente de las que provienen nuestras alegrías.

Las riñas, las discusiones, los enfados, las incomprensiones… justifican la razón de ser de estas páginas. Parece inexplicable que no hayamos aprendido la lección y que sigamos añadiendo a los males inevitables otros muchos que sí podrían obviarse. En efecto, cuesta entender que añadamos dolor sobre dolor. La Religión, la Filosofía y la Psicología intentan salir a nuestro encuentro para aliviar la condición humana, pero nuestra pertinacia puede más que todas ellas. Si aprendiéramos a no murmurar y a no quejarnos, conseguiríamos avanzar mucho en el camino de la paz y la alegría. Es un objetivo posible, solo depende de que nos empeñemos seriamente en alcanzarlo. Deberíamos siempre tener presentes las palabras del filósofo español Zubiri: *Existir es existir con los otros.* Pero para existir con los otros habrá que tener en cuenta las advertencias de los filósofos griegos. Diógenes Laercio nos da este consejo: *Sé ávido de escuchar y no de hablar.* Y también este otro: *Que tu vida no corra por delante de tu pensamiento.* Y Heráclito nos advierte: *La gente no sabe ni hablar ni escuchar.*

EPÍLOGO

Las páginas que anteceden no tenían la intención de ofrecer una filosófica reflexión metafísica sobre el ser humano, sino más bien poner en evidencia los abundantes recursos que todos disponemos para que nuestra conducta esté presidida por la *cordialidad*. Posibilidad que está a nuestro alcance, si acudimos a estos valores: agradecimiento, comprensión, simpatía, buen humor, ternura, misericordia, amabilidad. También a un generoso perdón y a un elegante olvido. Hemos subrayado en más de una ocasión que nuestra fuente de felicidad está en un reconfortante trato con los demás. La intransigencia, el individualismo y el egocentrismo con todas las consecuencias que de ellos se derivan secan la fuente de la felicidad, desde donde emanan las aguas vivas que dan juventud a nuestra vida. El punto de partida es tener presente, con la frecuencia que sea necesaria, que tener razón no es tenerla toda. La duda nos abre a una generosa actitud de escucha. Ni yo soy absolutamente bueno, ni el otro es del todo malo. Ni tampoco yo el que posee toda la verdad, ni el otro está completamente errado. La intransigencia nos lleva a la división y la actitud comprensiva nos abre a la reconciliación.

AUTORES CITADOS:

Kant, B. Russell, Victor Frankl, Byung-Chul Han, Albert Einstein, Erich Fromm, Martin Heidegger, Ortega y Gasset, Aristóteles, Carlos París, San Juan de la Cruz, Heráclito, Antonio Machado, Zygmunt Bauman, San Bruno, Baltasar Gracián, Rousseau, Hegel, Homero, Plutarco, Cicerón, Séneca, Diógenes Laercio, Eclesiástico, Cantar de los Cantares.